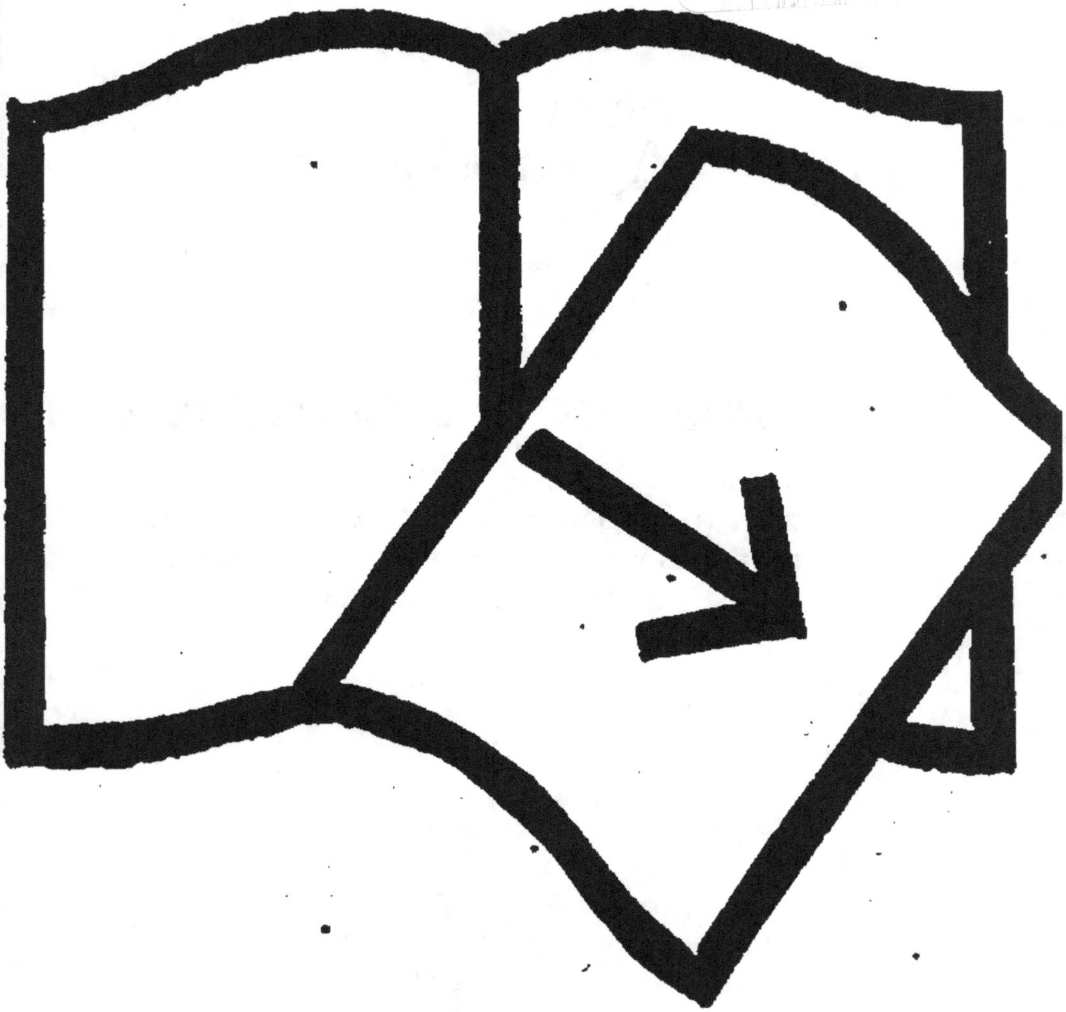

Couvertures supérieure et inférieure manquantes.

Catalogue

D'UNE

COLLECTION DE TABLEAUX,

PRESQUE TOUS ORIGINAUX DES PREMIERS MAITRES
DES ÉCOLES ITALIENNE, FLAMANDE, HOLLANDAISE,
FRANÇAISE ET ALLEMANDE.

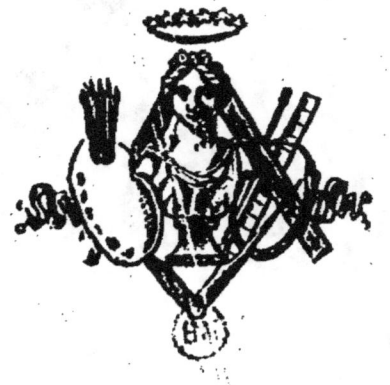

Don S. de Ricci

Les tableaux que renferme ce cathalogue sont offerts avec confiance au public pour agréer ses suffrages, et souffrir sa critique. On croit pouvoir affirmer qu'ils sont tous de la main des peintres dont les noms sont désignés; les artistes et les amateurs peuvent juger de la vérité, ils ont été acquis en portant ces noms.

COLLECTION DES TABLEAUX,

Presque tous originaux des premiers maîtres des écoles

ITALIENNE, FLAMANDE, HOLLANDAISE, FRANÇAISE

ET ALLEMANDE.

Elle réunit le genre ancien et le genre moderne.

ALBANI (François), Lombard, né à Bologne en 1578, élève de Carrache alla à Rome. Il était un grand peintre d'histoire; il fut un des plus célèbres pour peindre les femmes et les enfants.

1. Le baptême de Jésus, les anges président à cette action.

ANGELLI, élève de Paul Véronèse.

2. Un prêtre portant un petit St.-Sacrément.

BERGHEM.

3. Un pâtre gardant une vache et des chèvres dans la campagne.

BOTH.

4. Paysage, chevaux à la fontaine.
5. Le nid d'alouettes.

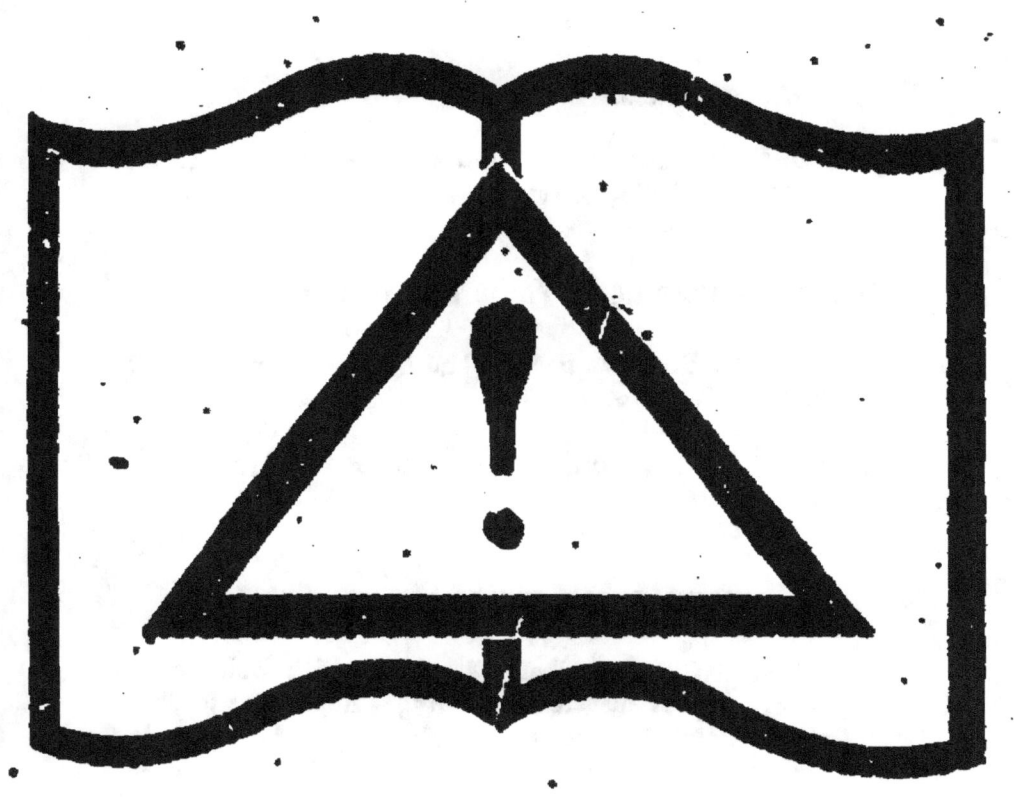

DEBUT DE PAGINATION

BRÉDA (le chevalier).

6, 7, 8, 9. Batailles.

BRUN (Charles le), Français, né à Paris en 1619, voyagea en Italie, de retour à Paris, il fut nommé directeur de l'académie.

10. La duchesse de la Vallière se repentant.

BREUGEL (Jean Baptiste) né à Anvers en 1670, il peignait l'histoire.

11. Le Christ mort entouré de saintes femmes.

BULT.

12, 13. Paysages avec figures.

CARRACHE (Annibal), Lombard, né à Bologne en 1560, prit pour modèle Michel-Ange, Raphaël et le Parmesan. Il touchait avec une extrême légèreté, le nud de ses figures.

14. Suite d'Agar dans le désert.

L'enfant qui sommeille est admirable.

15. Jésus flagellé.

CORRÈGE (Antoine), né à Corregio en 1494, il fut le fondateur de l'école Lombarde, il avait un génie heureux. Ses compositions sont fécondes, les actions de ses figures sont justes et vraies, leurs expressions sont si naturelles qu'elles paraissent respirer. Tout plaît dans ses tableaux, il y règne une intelligence et une harmonie admirables, il s'attacha particulièrement au coloris et aux grâces qu'il donnait à ses femmes, elles font naître la volupté : leur cheveux, leurs ajustements, tout paraît inspirer le même sentiment ; les draperies dont les plis sont larges, font leur effet de près, comme de loin.

16. Céphale et Procris. Sujet grandiose.

CRAYER (Gaspard de), flamand, né à Anvers en 1582, on compare le mérite de Crayer aux plus habiles flamands : moins de feu que Rubens ; mais dessin plus correct.

17. Loth et ses filles. Sujet grandiose.

Le feu du ciel étant tombé sur la ville de Sodome pour la punir de ses crimes ; les filles de Loth s'enfuyant avec leur père, crurent à la destruction du monde, et elles devinrent incestueuses pour devenir mères.

La femme de Loth ayant bravé la défense que lui avait fait l'ange du seigneur, de ne point retourner la tête, fut changée en statue de sel.

18 L'eau du rocher.

Moïse ayant supplié le seigneur d'avoir pitié de son peuple, le seigneur commande à Moïse de frapper le rocher avec sa baguette et il en sort une eau abondante qui désaltère les Israélites.

CUIP. (*Grisaille.*)

19 Deux époux se promenant dans la campagne, se

font précéder d'un économe, conduisant une brouette remplie de fruits; pendant qu'il donne d'un côté, il est volé de l'autre, il se fâche et a l'air de dire, « plus on donne, plus « on demande; plus on a, plus on veut avoir.

DELVOYE (François).

20. La résurrection du Lazare.

DUBECQUOI, peintre des Gobelins.

21. Un docteur.

DUSSART.

22. Vase de fleurs, et oiseaux morts.

EECHENOUT.

23. Un vase et son étui.

COLLIER (Édouard).

24. Une couronne, des manuscrits, différents attributs.

GRIF.

25. Des chiens de chasse et des oiseaux morts.

GELINECK.

26, 27. Paysages.

GUIDO (Reni), Lombard, né à Bologne en 1575; il étudia Raphaël et Michel-Ange. Les têtes du Guide sont comparables à celles de Raphaël tant sous le rapport du dessin que pour la finesse de l'expression, sa composition est noble, son coloris frais, sa touche est légère et fine, et son pinceau toujours moelleux.

28. Magdeleine repentante.

GUERCHIN (le) Lombard, né à Cento en 1590, élève des Caraches, dont il suivit la manière; il avait un coloris vigoureux, et donnait tant de force à ses tableaux que les autres ouvrages des peintres, excepté ceux du Carravage, ne pouvaient presque plus se soutenir auprès des siens.

29. Dame Italienne.

HOMBERG.

30. Les adieux de Lafayette à sa famille.

HOMBROD.

31. Une bataille.

JORDANE (Lucas), Napolitain, né à Naples en 1632; alla à Rome pour étudier Pietro de Cortone et Paul Veronèse; il a travaillé à la cour d'Espagne, avait une manière facile et peignait extrêmement vite; il imitait plusieurs manières de différents maîtres à s'y méprendre, il coloriait avec vigueur.

32. Réconciliation d'Ésaü et Jacob, beau sujet.

2.

IVLSDONCK.

33. La jatte de fraises.

IVESTIN. Aussi beau que Both.

34. Paysage; la fuite en Égypte ou le repos de Joseph, Jésus, et Marie.

JARDIN (Carle du) Hollandais, né en 1640, élève de Nicolas Berghem, il en avait la touche, et donnait à ses ouvrages une certaine teinte dorée et une force qui distingue les grands peintres d'Italie.

35. Une jeune fille fillant en gardant sa vache.

LAIRESSE.

36. Daphnis et Cloé.
37. Deux enfants de Bacchus.
38. Les pêcheurs.
39. La marchande de poisson.

LENZ.

40. Portrait de Joseph II.
41. Autre petit portrait de Joseph II.
42. Une Vestalle.
43. Zéphir et l'Amour.

MIGNON.

44. Fleurs et fruits.

MIÉRIS (François), Hollandais, né à Delft en 1635, élève de Gérard *Douw*, qu'il a surpassé, il dessinait mieux et avait plus de finesse, sa touche est très spirituelle, ses plants sont vagues, et on se promène à l'entour des objets qu'il a représentés.

45. Une dame assise près d'une table ronde lisant de la musique.
46. Portrait d'un magistrat.

MIÉRIS (William), Hollandais, né à Leyden en 1662, élève de son père François Miéris. Il peignait des sujets d'histoire, des paysages, des figures, et des animaux avec un grand fini. Ses ouvrages ont la même harmonie que ceux de son père.

47. Le marchand de crable.

MOSQUET.

48. Le moulin à vent.
49. Deux moutons dans les champs.

MIGNON, Allemand, né à Francfort en 1637, était bon peintre en fleurs. Il coloriait avec vérité et chaleur.

50. Des fruits étrangers.

NETSCHER (Constantin), Hollandais, né à la Haye en 1670, élève de son père Gaspard Netscher, peignait bien le portrait, il possédait l'heureux don de flatter, d'embellir et de rendre ressemblant. Sans avoir atteint le talent de son père, il est estimable dans plusieurs de ses ouvrages, entre autre dans ses allégories. Il fut fait directeur de l'académie de la Haye.

51. L'amour unit les époux, le génie les éclaire, la fidélité les précède, la volupté les attend.

ANOMIME.

52. Madame de Pompadour se reposant dans le jardin.

OSTADE (Adrien Van), Hollandais, né à Lubeck en 1610. Il n'a représenté que des sujets bas, avait presque les mêmes idées que Teniers, mais les habillements se ressemblent peu, il copiait la nature de façon qu'il l'a presque toujours enlaidie ; mais il règne partout dans ses figures grotesques, tant d'esprit, tant de finesse, et tant de vérité, qu'on oublie que ses sujets sont dégoutants pour admirer son génie, il peignait avec une légèreté séduisante, il est transparant, flou, chaud et fin.

53. Le petit promeneur.
54. La chanteuse.
55. Les fumeurs.
56. La conversation.
57. Viel homme et vieille femme qui causent.

OTTOVENIUS, Hollandais, né à Leyden en 1556, voyagea en Italie, en Allemagne, et resta au service de l'empereur. Le prince de Parme le nomma ingénieur en chef, et peintre de la cour d'Espagne : après il revint à Anvers, où il fut très recherché. Il avait une belle couleur, claire et bien fondue.

58. Les sept péchés capitaux (allégorique).

59. Le Christ en croix entouré des saintes femmes.

POLICARPE.

60. La sainte famille (tableau gravé).

POUSSIN (Nicolas) Français, né à Andeli en 1594; il vint étudier à Paris, et fut se perfectionner à Rome; de retour à Paris il fut nommé premier peintre du roi avec une pension de trois milles livres, et son logement au Louvre. Personne n'a mieux ressenti et exprimé les passions et les mouvements de l'âme; les fonds de ses tableaux sont ornés par une architecture ou par de riches paysages.

61. Le repos chez le Pharisien; on voit Magdeleine essuyer les pieds de Jésus avec ses cheveux.
62. Six femmes de Musulman, fesant leur toilette en plein air.
63. La peste chez les Philistins, (copie d'après le Poussin) l'arche sainte transportée au milieu du camp, arrête les progrès du mal.

RAPHAEL, Romain, né à Urbin en 1483, élève de son père et de Perugin, avait un génie heureux, une imagination forte et féconde, une composition simple et sublime, un beau choix, beaucoup de correction dans le dessin, de grâce et de noblesse dans les figures. Raphaël et Rubens sont les deux héros de l'heure actuelle, les deux évocations les plus familières au génie des ateliers français et anglais. Voyez les vierges de Raphaël, à coup sûr, elles descendaient de là haut, et se transfiguraient la nuit à ses regards. Quelle exquise fleur de beauté, quelle pureté choisie, quelle grâce mistérieuse, quelle naïdre idéale; c'est moins que l'ange, mais c'est plus que la femme.

64. Mariage de Sainte-Catherine.

L'enfant Jésus assis sur les genoux de sa mère met l'anneau dans le doigt de Catherine. Toutes les figures sont délicieuses.
65. Les anges annoncent à Sara qu'elle sera bientôt mère. (Copie d'après Raphaël.)

REMBRANT, Hollandais, né près de Leyden en 1606; sa manière de peindre est touchée avec force, et peu agréable à regarder de près, mais soutenue par un coloris vigoureux, et un ton suave. Ses tableaux ont autant de relief, que de vérité, et personne n'a entendu aussi bien que lui la magie du clair obscur. Il était singulier dans ses pensées. Il excellait dans le portrait, ses premiers ouvrages sont plus terminés que les derniers.

66. Portrait de madame Rembrant fait par son mari.
67. Portrait d'un chevalier Espagnol.
68. La grotte aux sacrifices.
69. La Magdelaine aux pieds du crucifix.
70. Un seigneur visitant sa campagne et s'arrêtant près d'un berger entouré de ses moutons.

RUBENS (Pierre Paul), Flamand, né à Cologne en 1577, vint jeune à Anvers, fut élève d'Ottovenius, voyagea en Italie, en Espagne, et en Angleterre, où il fut fait chevalier, et comblé de présents. Il avait une couleur tendre, vive, fraîche, et naturelle; une facilité singulière à opérer; il tenait cet artifice de l'examen des ouvrages du Titien, de Paul Véronèse, et du Corrège. S'il a moins fondu ses couleurs, il tirait tout l'avantage possible du clair obscur, il a su lier ses groupes avec industrie, répandre et soutenir les grandes masses de lumières par celles des ombres. Il avait un génie élevé dans ses compositions, était facile dans ses productions, varié dans ses attitudes aussi simples que naturelles, et toujours contrastées sans être outrées; juste dans ses expressions et plein de jugement, ses draperies sont convenables aux sujets, on y reconnaît distinctement la soie, la laine, le lin. Il peignait l'histoire, le portrait, le paysage, les fruits, les fleurs, les animaux, et dans chaque genre il était habile.

Rubens est plus haut que jamais, soit en France, soit en Angleterre. On compte 1400 tableaux qu'il a faits.

71. Tête de vieillard.
72. La vierge et l'enfant Jésus, debout sur ses genoux.
73. Les Israélites buvant l'eau du rocher.
74. Un vieillard cherchant à séduire une jeune fille.
75. L'adoration des images, et la gravure du tableau.
76. Le sainte famille, l'enfant Jésus est debout caressant le sein de sa mère.
77. La Nayade.
78. La chambre à coucher de Rubens.

Ce tableau rappelle un trait de sa vie : ses amours avec Melle. de la Faille, d'Anvers, jeune personne bien née, qu'il a séduite et qui a été sa maîtresse pendant plusieurs années. C'est la même personne qui est représentée sous le chapeau de Velours, vulgairement appelé chapeau de paille (par l'ignorance du traducteur).

Dans ce petit groupe, Rubens s'est peint dans l'attitude de Tarquin violant Lucrèce,

Tout le monde connaît l'histoire de cette femme vertueuse, qui ne pouvant survivre à son déshonneur s'est donné la mort.

Rubens a pris le costume du guerrier : l'épée est à son côté, il menace la femme qui lui résiste, de se venger, et de couper la tête à un esclave qu'il placera dans son lit. C'est dans cet instant de colère, d'amour et de désir, que l'artiste s'est peint !... Les appréciateurs des beaux arts, peuvent parler de ce petit tableau, qui est le plus fini que Rubens ait jamais fait, d'après le rapport des artistes qui ont étudié les divers sujets de ses peintures.

79. Enlèvement de Phébé et d'Eilera, par Castor et Pollux; deux amours retiennent la vivacité des chevaux (sujet grandiose).

SEGHERS (Daniel) Jésuite flamand, né à Anvers, en 1590, élève de Brenghel, dit Velours, peintre en portrait et en fleurs où il excellait.

80. Ste-Thérèse entourée de fleurs.

STOKADE (Nicolas de Helt), Hollandais, né à Nimègue en 1613, élève de son beau père David Ryckaert, voyagea en Italie et en France, où il fut titré peintre du roi; il était bon peintre en histoire, ses figures sont de bon goût, son pinceau est large, sa couleur est très bonne.

81. Les amours de Céphale et Procris (sujet grandiose).

STORCK (Abraham) Hollandais, né à Amsterdam, en 1650 il est un des bons peintres de marine hollandaise.

82. Un moulin sur le bord de la mer, et des vaisseaux.

TITIEN, Vénitien, né à Cador en 1477, son vrai nom est Titien Vecelli, élève de gentil Bellin et de Giorgion. Excellait à peindre le portrait, il fit ceux de plusieurs empereurs, de plusieurs papes, et de plusieurs grands personnages. Peignait mieux les femmes que les hommes, avait les idées grandes et nobles dans les sujets sérieux ; son caractère, tendre et sensible, se trouve dans ses ouvrages, les attitudes sont simples et vraies et ses airs de tête sont remplis d'expression; son coloris semble réfléchir la lumière : pour cette partie du coloris il a mérité le rang de premier peintre du monde; dessinait bien; a bien peint les enfants, il est le premier qui leur ait donné les grâces et le caractère de leur âge. L'empereur Charles V l'honora du titre de comte Palatin, lui donna une pension considérable, et le fit à Bruxelles chevalier de l'ordre de St.-Jaques.

83. Danaé.
84. Catherine caresse l'enfant Jésus, qui est couché sur sa mère, et St.-Jean offre un fruit à la Ste-Vierge.

ANANONIME.

85. Paysage Italien.
86. Salomon et Seba lui offrant des présents.
87, 88. Petits tableaux, vieilles fleurs.
89. Paysage flamand.

TENIERS (David) le vieux, flamand né à Anvers, en 1582, élève de Rubens, il aimait à représenter les fêtes flamandes qu'il traitait avec esprit, ses tableaux sont pleins d'art et de génie, et plaisent beaucoup.

90. La maîtresse du logis lève son balai sur son mari qui embrasse la récureuse.
91. Des paysants jouent aux cartes, l'un d'eux montre les 4 as.
92. Un chanoine disant son chapelet.
93, 94. Tableaux représentant un repas pris à la porte d'un estaminet.

TENIERS (David), flamand, né à Anvers en 1610, nommé le jeune élève de son père David Teniers et d'Adrien Brauwer, devint un grand peintre dans tout genre possible; il peignait l'histoire en grand, dans le goût de différents maîtres Italiens et Flamands à s'y méprendre; en petit il ne représentait que des villageois, des fêtes flamandes, des buveurs, etc.; ses figures ont une précision dans leur expression qui fixe l'attention et qui marque la finesse de sa touche, il a fait plusieurs pastiches dans le genre italien.

95. La chasse au cerf.
96. La chaumière.
97. Un grand paysage avec figures.
98. Une petite neige.
99. Les pénitents entourent Jésus (Pastiche).

TURKEN.

100. La récureuse.

VANDAL.

101. Bouquet de fleurs, et nid d'oiseaux, tout respire la nature.

VANGEIT.

102. Bouquet de fleurs (copie).

VEOVEAND.

103. Fleurs.

WERRANDAELL.

104. Les attributs d'un philosophe, la vie, les fleurs, les sciences, les arts, le temps, et la mort.

VELDE, (William Van den), Hollandais, né à Amsterdam en 1633, élève de son père, était bon peintre en marine, voyagea en Angleterre, fut demandé à Londres où le roi le nomma peintre de la cour, avec une pension. Il avait une belle couleur, vigoureuse. Ses vaisseaux sont dessinés avec précision, ses petites figures touchées avec esprit, il représentait l'agitation des vagues, et leurs brisements, ses ciels sont clairs, et ses nuages très variés. Mort à Londres en 1707.

105. Une petite Marine.
106. Combat naval.

Ce combat a eu lieu en 1673, entre les Anglais, les Hollandais, et les Français; les Hollandais commandés par les amiraux Rayter et Tromp, battirent les Anglais, commandés par le prince Robert, et les Français par le comte d'Estrée.

VROOM (Henri Corneille), Hollandais, né à Harlem en 1566, bon peintre en Marine, voyagea en Espagne en Italie; il représentait souvent des combats sur mer, et des paysages, des chateaux, et des isles.

107. Port de Schevelingk, la pêche des Saumons.

VANDIK, élève de Rubens qu'il a égalé dans son coloris. Bon peintre en portrait, en histoire.

108. La Vierge admirant l'enfant Jésus.

Ce petit tableau est l'esquisse de celui qui se trouve dans l'église de St.-Nicolas à Bruxelles.

VANDERMEULEN, Hollandais.

109. Portrait de Ninon.

Un jour Vandermeulen peignait le portrait du cardinal de Richelieu, lorsque Ninon entra; quand il la vit, ses pinceaux lui échappèrent des doigts, et il dit au cardinal, monseigneur, permettez que je les ramasse pour peintre la beauté. Une toile se trouvant sous sa main fut à l'instant posée sur le chevalet, et la voilà.

VANDERNER.

110. Un clair de Lune.

WELSSEL.

111. Salomon descend de son trône à l'arrivée de la reine de Séba, qui ayant entendu parler de la sagesse du roi et de sa magnificence, avait le

plus grand désir de l'entretenir, elle est suivie de ses esclaves qui déposent les présents qu'elle apporte au roi.

(Copie d'après Raphaël.)

112. La sainte famille.

ANONIMES.

113. Un bouquet de fleurs.
114. Une corbeille de fleurs.
115. Un melon et des fruits.
116. Les riveaux.
117. La jeune mère.
118. La jeune fille à sa toilette.
119. Lucrèce et Tarquin.
120. Hérode et Hérodias qui lui apporte la tête de S^t.-Jean.
121, 122. Paysages.
123, 124. Paysages avec châteaux et figures, très fin.
125. Vue de la cascade de Tivoli.
126. La pluie d'or d'après le Titien.
127. Portrait de Rubens dans sa vieillesse.
128. Vue du château d'Hun sur les bords de la Meuse.
129. Les Mages offrant l'or et l'encens à Jésus; d'après Rubens.

120. Assomption de la Vierge.
131. Jugement de Salomon.
132. Intérieur d'école, une jeune personne pinçant de la guitare.
133. Intérieur d'école, une jeune personne à son atelier.
134. Une jeune fille terminant la toilette de sa maitresse.
135. Un petit garçon excitant son singe contre un chien qu'une jeune fille tient dans ses bras.
136. La colère de Junon.
137, 138. Deux tableaux, Pêche et Marine.
139. Une Vierge allaitant.
140. Une dame tenant sa fille entre ses bras.
141. Vénus et les amours.
142. Réception de Mirabeau aux champs élisés, dessin.
143. Adieux de Napoléon à Fontainebleau, dessin entouré d'un parafe qui d'un seul trait décrit toute la vie de Bonaparte et ses conquêtes, avec les dates.

www.ingramcontent.com/pod-product-compliance
Lightning Source LLC
Chambersburg PA
CBHW030110230526
45471CB00003B/1352